COUP - D'ŒIL

SUR

LES COLONIES

COLONISATION DE L'AFRIQUE

Châteauroux. — Imprimerie de SALVIAC.

COUP-D'ŒIL

SUR

LES COLONIES

AU XIXᵉ SIÈCLE

SUIVI DE L'EXAMEN DES DIFFICULTÉS

DE LA

COLONISATION DE L'AFRIQUE

ET

DES MOYENS D'Y REMÉDIER

Par le Dʳ BEAUFUMÉ

Prix : UN franc.

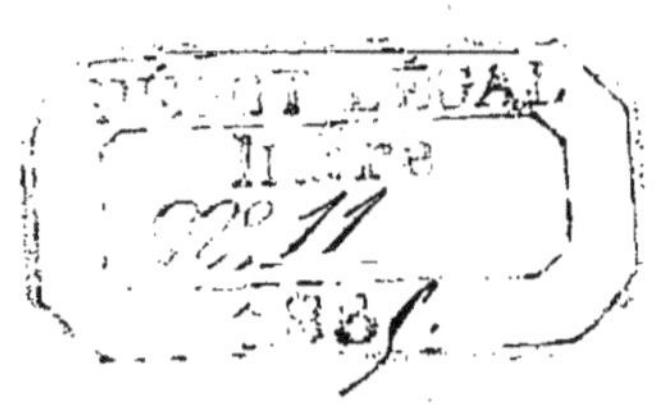

PARIS

CHALLAMEL AINÉ

Libraire-Commissionnaire pour l'Algérie et les Colonies, 30, rue des Boulangers.

CHATEAUROUX

Librairie SALVIAC, rue Grande (Place de l'Hôtel-de-Ville) et rue Juive

1865

INTRODUCTION

Le petit travail qu'on va lire n'est autre chose que le recueil de documents et de chiffres puisés dans l'histoire et dans la statistique, accompagnés, comme déduction toute naturelle, de l'opinion d'économistes dont le jugement a un grand poids.

Quant à ce que nous avons dit de l'acclimatement, nous l'avons emprunté à un écrivain aussi savant que consciencieux, M. le Dʳ Bertillon (*Dictionnaire Encyclopédique des Sciences modernes*, Acclimatement.), que nous avons presque toujours copié textuellement, certain que nous ne dirions pas les choses aussi bien que lui.

Notre responsabilité, comme on le voit, n'est pas grande et, si nous avons des contradicteurs, ce qui doit être, nous les renverrons à nos auteurs: ils pourront nous opposer peut-être d'autres chiffres, d'autres faits, d'autres théories, mais nous doutons qu'ils puissent donner un démenti sérieux à la statistique, à l'histoire, et, encore moins, changer les lois immuables de la nature.

Notre but, du reste, a été uniquement d'attirer l'attention sérieuse du public et du gouvernement sur la question vitale de l'acclimatement au point de vue de la colonisation africaine; tant mieux si, de notre sphère obscure, nous contribuons à soulever des discussions, à faire naître chez des hommes plus compétents que nous, des méditations d'où peut sortir l'ensemble des moyens propres à développer la prospérité de notre intéressante colonie.

D^r B.

Châteauroux, juillet 1865.

PREMIÈRE PARTIE

COLONIES

« Il est impossible que les peuples
» ne comprennent pas bientôt com-
» bien leurs colonies leurs sont à
» charge. »
(J.-B. SAY. Economie po-
litique, Colonies.)

Les anciens ont, de bonne heure, établi des colonies et, bien des siècles plus tard, il furent imités par les modernes ; mais des causes toutes différentes déterminèrent les uns et les autres à tenter ainsi des établissements loin de la mère patrie.

En général, l'exubérance de la population fut la cause qui engagea les états anciens à jeter leur trop plein sur des rives étrangères; mais leur navigation, née de la veille, les retint dans des parages peu éloignés; le désir d'étendre leur commerce, de se procurer des métaux précieux, ou des denrées inconnues à leur pays, fut presque toujours, au contraire, le motif déterminant des tentatives de colonisation des modernes, à qui une navigation plus avancée permit de porter des colons jusqu'au bout du

monde et presque dans toutes les parties de la terre habi-
table.

Aussi, quand on examine les deux systêmes coloniaux,
ne tarde-t-on pas à remarquer entre eux des différences
frappantes : « Les colons anciens quittaient leur patrie,
» sans esprit de retour, après s'être choisis eux-mêmes,
» conduits par des chefs investis de leur confiance, des
» princes, des fils de rois peut-être. » (sismondi, Colonies.)

Si l'on en excepte les pélerins de la nouvelle Angleterre,
allant à la recherche de la liberté de conscience, « Ceux
» qui fondèrent les colonies modernes, furent pour la plu-
» part, au contraire, des aventuriers qui cherchaient non
» une nouvelle patrie, mais une fortune qu'ils puissent
» rapporter dans leur ancien pays.

» Les anciens se faisaient par leurs colonies, des amis
» par tout le monde connu ; les peuples modernes n'ont su
» s'y faire que des sujets, c'est à dire des ennemis. » (j.-b
say, *Économie politique*, Colonies.)

« Le colon de l'antiquité, qui ne comptait que sur
» lui-même et sur ses compagnons d'aventure, ne dési-
» rait point posséder des champs d'où il ne put entendre
» la trompette guerrière de la cité naissante ; aussi, dès
» son arrivée, limité par l'espace, il était forcé d'intro-
» duire dans son champ, la culture qui convient aux ter-
» res de la plus haute valeur... Le notre, au contraire,
» maître tout à coup d'un immense quantité de terres
» qu'il tient ou du droit de l'épée, ou d'un achat fait à
» des *actionnaires*, s'en attribue une part qui n'est en
» proportion, ni avec ses forces physiques pour les tra-
» vailler, ni avec ses capitaux pour les améliorer (1), et

(1) C'est par 400, 800 acres qu'on distribue la terre, au cap de Bonne-
Espérance, à la Nouvelle-Hollande, à la terre de Wan-Diemen, et sans doute
quelquefois en Afrique.

» les laisse sans culture ; ou bien s'attache à quelques
» points privilégiés du sol, auxquels il sacrifie tous les
» autres et, en attendant qu'il réalise le bénéfice de la
» revente, qui est le but de ses désirs secrets, réduit bien-
» tôt les terrains les plus riches à une affreuse stérilité,
» par une série de récoltes épuisantes. » (SISMONDI, *Colonies.*)

Aussi, loin d'acquérir le dégré de prospérité des colonies anciennes, loin d'être utiles à la mère patrie, les
colonies modernes, souvent placées sous une latitude hos-
tile, toujours séparées de la métropole par des distances
infinies, ne pouvant être protégées que par des garnisons
d'autant plus coûteuses à ravitailler qu'elles sont plus éloi-
gnées ou que le climat est moins hospitalier, sont, avec
quelque raison, regardées aujourd'hui, par plus d'un économiste, comme de véritables charges pour le pays.

Lorsque Poivre fut nommé intendant de l'Ile de France,
cette colonie était fondée depuis 50 ans seulement ; il se
convainquit que sa conservation, qui avait déjà coûté à la
France plus de 60 millions, continuait à lui coûter de
grandes dépenses et ne lui rapportait absolument rien.
(Œuvres de POIVRE, page 209.)

En 1789, Arthur Yung, parcourant la France et consta-
tant l'état déplorable de son agriculture faisait un calcul
d'où il résulte que, si la France avait, depuis vingt-cinq
ans, consacré les millions qu'elle avait employés à la conservation de ses colonies des Antilles à fertiliser ses pro-
vinces incultes, susceptibles de donner de riches produits,
elle en retirerait un revenu annuel décuple de celui que
lui fournissaient les îles ; d'où il concluait que ce serait
un grand ami des Français que celui qui les débarrasse-
raient de ces colonies. (Voyage d'ARTHUR YUNG en France,
tome 1er, page 284.)

Suivant un rapport du ministre de la marine en 1820,

les deux Antilles, qui nous restaient, coûtaient à la France 11 millions 860,000 francs par an, sur quoi les recettes fournissaient 5 millions 790,000 francs; il restait donc un déficit annuel de plus de 6 millions à acquitter par la France.

Telle était aussi l'opinion de l'illustre Franklin (Œuvre de FRANKLIN, tome 2, page 50.); et on lit, dans un voyage de lord Valentia, qu'en 1802, l'établissement du cap de Bonne-Espérance coûtait annuellement aux Anglais 6 à 7 millions au delà de ce qu'il rapportait.

Enfin personne ne conteste aujourd'hui que l'Angleterre, qui a dépensé plus de 1,800 millions et épuisé le sang de ses soldats, pour conserver ses colonies d'Amérique septentrionale, a gagné immensément à perdre ces colonies.

A l'appui de cette assertion nous citerons un seul fait. Bristol était le principal entrepôt du commerce avec l'Amérique du Nord; à l'époque de la guerre de l'indépendance des États-Unis, les négociants et les principaux habitants se réunirent pour déclarer au parlement de la manière la plus énergique, que leur cité était ruinée à tout jamais, si l'indépendance des États-Unis était reconnue; malgré ces représentations, la nécessité força de conclure la paix et de proclamer cette séparation si redoutée; dix ans n'étaient pas écoulés que les mêmes négociants de Bristol demandaient, avec instance, au parlement, un bill qui les autorisât à creuser et agrandir un port qui, loin d'être devenu désert, comme ils le craignaient, ne se trouvait plus assez grand pour contenir tous les navires que l'extension du commerce avec l'Amérique indépendante y amenait. (DE LÉVIS, Lettres chinoises.)

Après ce que nous venons de dire, il ne faut donc pas s'étonner que des économistes, aussi éminents que de bonne foi, aient conclu à l'abandon des colonies par les nations modernes. « Il est impossible, dit Jean-Baptiste

» Say, que les peuples de l'Europe ne comprennent pas
» bientôt, combien leurs colonies leur sont à charge. Ils
» supportent une partie des frais de leur administration
» militaire, civile et judiciaire, une partie de l'entretien de
» leurs établissements publics et notamment de leur for-
» tifications; ils tiennent sur pied pour leur conservation,
» une marine dispendieuse qui n'empêchera pas qu'à la
» première guerre maritime, elles ne deviennent indépen-
» dantes ou conquises; mais ce qui leur est bien plus défa-
» vorable encore, elles leur accordent à leurs dépens des
» privilèges commerciaux qui sont une véritable dupe-
» rie.... Un jour viendra où les colonies n'auront plus
» d'autres défenseurs que ceux à qui elles offrent des pla-
» ces lucratives à donner ou à recevoir, le tout aux dépens
» des peuples. » (J.-B. SAY, *Économie politique*, Colonies).

Les possessions des Anglais dans les Indes semblent
faire exception à ce que nous avons dit tout à l'heure des
colonies, car, s'il faut en croire un auteur anglais, Col-
quhoun (A treatise on the wealth of the British empire),
les recettes, déduction faite des contributions payées au
gouvernement de la compagnie anglaise des Indes, excé-
deraient les dépenses de plus de 27 millions; mais il faut
remarquer que les Indes ne sont pas pour l'Angleterre une
colonie, mais, ainsi que nous l'avons dit, de véritables
possessions, payant des impôts dont l'art infatigable des
exploitants sait toujours élever le chiffre au dessus des
dépenses.

Il en serait autrement que les Indes conserveraient,
pour l'Angleterre, un caractère, non seulement d'utilité,
mais encore d'impérieuse nécessité. En effet, le facile écou-
lement que les produits britanniques trouvent, depuis
longtemps, dans ces pays à population et à consommation
immenses(1), a eu pour effet naturel le développement de la

(1) En 1852 un seul fabricant de caoutchouc, Nakintof, expédiait aux Indes
8 millions de vêtements de son nom.

production dans les fabriques anglaises, auxquelles ils fournissent à leur tour, par un échange continuel et des envois incessants, les matières premières qu'ils produisent abondamment; de là une solidarité commerciale et presque d'existence qui, déjà peut-être, a fait mesurer avec terreur, à l'Angleterre, les effets de l'imprudente ambition qui l'a conduite à se créer cette dangereuse situation. En effet, que l'Inde un jour lui échappe, et qu'ainsi se ferme cet immense débouché, en même temps que se tarira la source inépuisable des matières qui alimentent ses machines et ses bras, que deviendra-t-elle avec son gigantesque matériel au repos, ses richesses houillères devenues inutiles, ses flottes croupissant dans les ports, ses millions d'ouvriers condamnés à l'oisiveté, c'est-à-dire à la misère, et se dévorant sur un sol incapable de les nourrir, trop étroit pour les contenir? Alors, ainsi que nous le disions tout à l'heure, n'expiera-t-elle pas amèrement la politique envahissante qui fit oublier à ses hommes d'État que, par une loi inflexible, sous le niveau de laquelle ont fatalement passé toutes les puissances maritimes, il est de leur essence de perdre tôt ou tard, par l'émancipation lente ou subite de leur possessions lointaines, l'éclat éphémère qu'elles en ont tiré.

Les économistes anglais nous répondront que ce qui s'est passé pour les États-Unis, dont l'indépendance ne ne tarda pas à devenir, ainsi que nous l'avons dit plus haut, un véritable bienfait pour le commerce anglais, pourrait se reproduire pour l'Inde; mais cette espérance chimérique ne saurait être réalisée, en raison de la différence radicale qui existe entre la population des États-Unis et celles des possessions indiennes; l'une presque anglaise, professant la même religion, formée à l'école et aux goûts commerciaux de l'Angleterre, laborieuse, n'ayant conquis son émancipation que pour travailler plus

librement et sous la protection d'un gouvernement vigou-
reusement constitué ; l'autre, complètement étrangère à
l'Angleterre par le sang, le climat, les mœurs, attachée
fanatiquement à divers cultes, tous ennemis de la religion
anglaise, ne prenant sa liberté que pour avoir celle de ne
pas travailler et pour retomber infailliblement sous le joug
d'une multitude de petits princes du pays qui se feraient,
comme jadis, la guerre, pilleraient, massacreraient
non seulement les étrangers, mais leurs propres sujets,
détruiraient toute espèce de culture, d'industrie et efface-
raient jusqu'aux derniers vestiges des arts importés par
la domination anglaise.

La nation dont la puissance est véritablement stable
est celle qui, comme la France, possédant un sol d'é-
tendue et de qualité convenables pour loger et nourrir
sa population, même en supposant l'exubérance qui naît
de la prospérité (1), forme une famille homogène, parlant
la même langue, professant la même religion, se gouver-
nant par les mêmes lois, renferme dans son sein tous
les éléments d'une vie qui lui est propre, attend sans
crainte l'ennemi sur ses côtes, ou tient ses ports ouverts
aux produits étrangers, échangés contre les siens ou contre
ses capitaux, ou bien apportés des pays lointains par sa
propre marine. L'univers est aujourd'hui un vaste champ
de production, et, comme la production fait une nécessité
de la vente ou de l'échange, comme toutes les nations ont
réglé leur organisation intérieure ou maritime sur leur
production, elles sont emportées par un mouvement
commercial qui peut être ralenti, suspendu même, par une
cause quelconque, la guerre par exemple, mais ne peut
être arrêté, ce mouvement étant devenu la condition *sine*

(1) Un économiste calculait, en 1840, que la population de la France pou-
vait, sans encombrement, atteindre le chiffre de 93,725,688 habitants. (E.
ROYER. *De l'administration des richesses* 1843.)

quá non, non seulement de leur prospérité, mais de leur existence.

En vertu de cet état de choses, nous ne devons donc jamais craindre de manquer des denrées que nous tenons des colonies. Le premier effet de leur abandon serait même à coup sûr de nous les faire obtenir à meilleur marché, la libre entrée de nos'ports fermés aux produits étrangers par des droits équivalents à une prohibition, devant avoir pour résultat la concurrence dont nous ferions notre profit. A défaut de La Martinique, de La Guadeloupe, etc.,non seulement nous ne manquerions pas de sucres, mais encore, bien longtemps avant que la chimie nous eût donné le sucre indigène, nous l'aurions eu à bien meilleur marché, par nos rapports avec les nations étrangères. Du temps de Poivre, que nous avons déjà cité, le sucre ne valait en Cochinchine que dix centimes la livre, et ne nous fût revenu qu'à quarante ou quarante-cinq centimes tous frais faits; la Chine seule en produit plus de cinq cent millions de kilos. Aussi l'Angleterre qui déjà, il y a vingt ans, en importait deux millions quatre cent soixante-quatorze mille quintaux, en importe-t-elle peut-être le double aujourd'hui. Nous n'avons pas besoin de chercher ailleurs que dans notre production intérieure la solution du problême des sucres à bon marché; sans les droits qui l'entravent, moins dans un but fiscal que pour protéger les colonies par un de ces privilèges blâmés par un des écrivains que nous avons cités, depuis combien de temps ne se serait-elle pas mise au niveau de la consommation?

Ces droits étranges méritent que nous nous y arrêtions un instant. Grâce au progrès, ce grand modificateur de toutes choses, il ne peut y avoir de monopole éternel; l'art a pu substituer la betterave à la canne dans la production du sucre, et nous donner, à la place de celui des îles qui a à subir, pour nous arriver, les chances de la mer, de la

paix et de la guerre, qui peut même nous faire défaut, le
sucre français qui est sous notre main, ne peut jamais
nous manquer, et est, de plus, un encouragement pour
notre agriculture, pour notre industrie. Ce jour là on devait
croire que nos législateurs tiendraient aux colons des îles
ce langage : « Votre sucre nous devient désormais inutile,
mais nous ne devons pas oublier que vous ou vos ancêtres
avez, pour nous procurer, dans d'autres temps, cette denrée aussi rare alors qu'elle est commune aujourd'hui,
quitté la mère-patrie, bravé des climats inhospitaliers,
engagé dans l'industrie votre fortune ; cessez de produire
une denrée qui n'a plus pour nous de raison d'être, et,
dans notre loyauté, nous vous indemniserons. » On devait
même espérer que les colons eux-mêmes, dans leur sagesse, prendraient, dans ce sens, l'initiative auprès de
l'État ; ce fut le contraire qui eut lieu ; en 1843, tant l'intérêt rend les hommes aveugles, les défenseurs des intérêts des colons ne trouvèrent rien de mieux, pour leur
assurer une prospérité sans concurrence, que de demander
la suppression des sucreries françaises, moyennant une indemnité de quarante millions, comme s'il tombait sous le
sens de sacrifier l'intérêt de trente-six millions d'hommes
à celui de quelques dixaines de mille colons, intéressants
sans doute, mais n'ayant dans la balance des intérêts na-
tionaux que le poids insignifiant de l'accessoire mis en
présence du principal, la succursale, d'un côté, et la
grande métropole, de l'autre ! En vérité, on a peine à
croire qu'une aussi excentrique proposition, une pareille
négation de tout progrès, de toute équité, de toute notion
économique, ait pu, un seul instant, être prise au sérieux. Le gouvernement, prenant un juste milieu, ce qui
ne valut jamais rien, crut assurer aux colonies la possibilité de nous envoyer leurs sucres en concurrence avec
ceux de l'intérieur, en frappant ces derniers de droits sans

lesquels nous paierions, à l'heure qu'il est, le sucre soixante centimes, ou moins peut-être (1).

Ce qu'on n'a pas fait alors, le sentiment mieux entendu de l'intérêt général nous le commande aujourd'hui. « Mais il faut de l'argent! » nous diront les financiers qui remplissent un devoir en veillant sur les caisses de l'État; de l'argent! on en eût bien trouvé, si l'on eût cédé aux prétentions des colons, en 1843, et indemnisé la sucrerie française par quarante millions; de l'argent! on en aura en supprimant, au profit des colonies, l'inconcevable drawback (2), et en maintenant, au pis-aller, l'impôt sur les sucres français, jusqu'à ce que l'indemnité accordée aux colons soit liquidée.

On ne peut le contester, les colonies sont devenues une gêne, un embarras, dans l'arène du progrès; ce qui se passe aujourd'hui pour le sucre, se reproduira un jour pour le coton, le café, l'indigo ; ces denrées, nous ne les produirons jamais en France, mais quand l'Afrique, sur le sol de laquelle toutes les denrées équinoxiales peuvent prospérer et approvisionner non seulement la France mais l'Europe, viendra un jour, qui ne peut être bien loin, nous les offrir, faudra-t-il aussi la comprimer dans le développement de son agriculture, de son industrie, pour conserver un reste de vie aux établissements de la Martinique, de la Guadeloupe, etc., qui, du reste, malgré les faveurs incessantes de la métropole, et par suite de causes que nous n'avons pas à discuter ici, s'endettent chaque jour davantage, jusqu'à ce qu'elles soient tout à fait ruinées?

(1) Aujourd'hui l'on discute seulement sur l'infériorité de taxation qu'obtient pour n'être pas repoussée du marché national, la production trop peu progressive du sucre de nos colonies . (*Discours de M. Ch.* Dupin *à la Société d'Encouragement, 1836.*)

(2) Prime de sortie des sucres qui coûte à l'État 8 ou 10 millions par an, et ne profite à peu près qu'aux raffineurs.

Les colonies ont fait leur temps, au point de vue que nous venons d'examiner, mais elles méritent tout notre intérêt sous d'autres rapports. Dans l'état actuel de l'organisation politique du monde, il est impossible qu'une nation maritime existe sans colonies; les notres conserveront toujours le mérite précieux de rester, au milieu des mers, des relâches utiles, indispensables pour notre marine, et, quand on songe aux innombrables escales des Anglais, dans toutes les mers, on trouve bien peu nombreuses, bien insuffisantes celles que nous offrent la Corse, Alger, Bourbon, le Sénégal, les Antilles, la Guyanne, Saint-Pierre, les Marquises. A ce titre, nous devons donc, non seulement les conserver en mettant, autant que possible, leurs intérêts d'accord avec ceux de la métropole, mais encore les entourer de toute la sollicitude que mérite le rôle important qui leur reste à remplir.

DEUXIÈME PARTIE

AFRIQUE

> « De nos jours, l'Afrique tend à re-
> devenir, pour bien des esprits en-
> thousiastes , ce qu'elle a été dans
> l'antiquité, une terre promise, n'at-
> tendant que les bienfaits de la ci-
> vilisation européenne, pour pro-
> duire des merveilles; la géographie
> médicale qui met en lumière les
> conditions de santé et de maladie,
> de vie et de mort, d'extinction et
> da propagation de races qu'y ren-
> contre l'Européen, semble bien
> propre à contenir ces aspirations
> dans des limites plus raisonnables
> et à éviter les écoles du passé. »
> (Dr DUTROULEAU, *Afrique*.)

L'Algérie, colonie née d'hier, a cela de précieux que son organisation, dont le problème va se résoudre, peut être mise en harmonie avec celle de la mère patrie, de façon qu'il ne s'élève jamais entre elles aucun conflit d'intérêts. Par sa position en face de nos côtes dont elle n'est sépa-rée que par une mer peu étendue et d'une navigation facile, elle peut avoir avec nous des relations, journaliè-res au moyen de la vapeur, instantanées par le télégraphe électrique; le ravitaillement et le rapatriement de nos

colons peut, comme celui de nos garnisons, s'y opérer
rapidement, et à peu de frais; grâce à son climat, la
culture des denrées équinoxiales peut s'y répandre facile-
ment et fournir à la France, à l'Europe même, plus vite,
plus sûrement et à moins de frais, les produits que nous
avons jusqu'à ce jour tirés de nos colonies, qu'elle est
appelée, comme conséquence, à remplacer toutes, dans
un avenir prochain. Sa fertilité est proverbiale et,
dans nos années de récoltes insuffisantes, elle peut,
grâce à la précocité de ses céréales, venir en aide à nos
marchés (1), juste à l'époque où les nôtres leur font défaut tandis qu'elle ne peut manquer de prendre part un
jour à l'approvisionnement de nos halles par l'envoi de
ses bestiaux, à celui de nos manufactures, par celui de
ses laines, de sa soie et de ses cotons.

Comment se fait-il que, depuis plus de trente ans que
nous avons planté notre drapeau en Algérie, tous les
efforts des divers gouvernements qui s'y sont succédés
n'aient abouti que si imparfaitement à féconder les avantages précieux dont nous venons de parler ? Et cependant
combien de soldats, combien de colons, combien de millions ont déjà été engloutis sur ce sol étranger ! Sans
doute la guerre, si souvent près de s'éteindre et si souvent
rallumée, a dû être pour beaucoup dans la lenteur de
notre colonisation, mais un examen plus approfondi ne
tarde pas à en faire découvrir ailleurs les causes les plus
efficaces, les causes réelles.

Loin de nous la pensée d'appliquer à nos émigrants
d'Afrique les reproches adressés aux colons modernes par
les économistes que nous avons cités; nous admettons
que gouverneurs et colons, tout le monde a fait de son
mieux ; toutefois on ne peut se le dissimuler, de part et

____

(1) Tous les ans, vers le 15 mai, paraissent à la halle de Paris les premiers
blés d'Afrique.

d'autre, il y a eu des fautes et ces fautes ont contribué à la lenteur de notre colonisation.

Dans le principe, on allait en Afrique, moins en colon qu'en spéculateur ; prendre de la terre et en prendre le plus possible, sans autre préoccupation que de la revendre, tel était le but principal des émigrants ; de son côté, le gouvernement mu par le désir tout naturel d'encourager l'émigration, harassé par les solliciteurs, ne mesurait pas assez ses concessions dont les bénéficiaires, plus d'une fois, n'ont même pas vu l'Afrique. A ce point qu'un jour toute l'Algérie eut peut-être été concédée sans qu'il y eût de colons ; on spéculait, on ne colonisait pas. « Aussi, écrivait » un économiste de l'époque, dans les projets de coloni- » sation pour Alger, nous n'entendons parler que de » grandes compagnies d'actionnaires, de grandes fermes, » etc. » (SISMONDI, Colonies. 1838), et, vingt ans plus tard encore, la presse française gourmandait nos colons dans les lignes suivantes empreintes d'une juste amertume :

« La colonie a reçu 150 mille Européens qui se sont » identifiés à ses destinées ; qu'ont-ils fait, depuis vingt » ans, pour attirer à eux les capitaux et les travailleurs » de l'Europe qui émigrent en masse, au Canada, en Ca- » lifornie, en Australie ? Ont-ils fait des comités locaux, » discuté leurs intérêts, solidarisé leurs efforts, délégué, » dans la métropole, des hommes compétents pour agir » près des capitalistes, intéresser l'opinion et l'entretenir » de leurs besoins, de leurs espérances ? Non, ils atten- » dent que l'État leur expédie l'argent du budget et des tra- » vailleurs subventionnés, qu'il fonde des orphelinats, des » maisons de correction et des pénitenciers civils et mili- » taires, pour suppléer à l'émigration qu'on ne sait point » attirer. C'est à peine si, de temps en temps, nous voyons » quelque colon plus hardi, riche d'une idée, mais qui ne » représente personne, n'est commissionné par personne

» et n'est pas pris au sérieux par les capitalistes, à la
» porte desquels il vient se morfondre, jusqu'à ce qu'il re-
» parte en maudissant l'indifférence et l'incapacité de la
» métropole.

» Si, des colons, nous portons nos regards sur les con-
» cessionnaires de terres, nous trouvons même apathie,
» même absence d'esprit colonisateur.

» Tant qu'il a suffi d'user d'une influence ou d'une po-
» sition, pour se faire attribuer les terrains, par milliers
» d'hectares, les postulants ont agi avec l'espérance de
» revendre à un haut prix ce qui n'avait rien coûté. De-
» puis lors, qu'ont-ils fait? Rien, ou presque rien. »
(Siècle, 19 avril 1856.)

Les causes que nous venons de signaler ont eu, sans
doute, leur part dans la lenteur de notre colonisation en
Afrique ; mais ce n'est là qu'un effet passager, et, suivant
nous, l'obstacle le plus sérieux, celui contre lequel nous
aurons à lutter, éternellement peut-être, c'est la difficulté
de l'acclimatement.

Quand on examine le chiffre du personnel colonisateur
répandu en Afrique, deux choses frappent tout d'abord,
son peu d'importance et la place restreinte qu'y occupent
les Français. Tout élément de statistique manquant depuis
1856, et dix ans, du reste, n'ayant changé que bien peu
de chose à la situation (1), nous prendrons la population
(population civile) à cette date, époque à laquelle elle se
composait ainsi qu'il suit :

Français........ 89,810
Espagnols....... 42,314

A reporter... 132,124

(1) La population européenne, était en 1861 de 192,744. mais la différence était fournie surtout par les Espagnols.

Report... 132,124

Italiens 9,287

Maltais......... 6,425

Allemands 5,452

Ensemble... 153,288

Ainsi, après plus de vingt-cinq ans d'occupation en Afrique, le Français, maître du terrain, par droit de conquête et par les faveurs de la métropole, n'avait pu s'y implanter qu'en nombre à peine supérieur au total formé par des étrangers immigrés dans des conditions relativement défavorables. Remarquons, en passant, pour en déduire plus tard les conséquences, que parmi ces étrangers le plus grand nombre étaient Espagnols, Italiens, Maltais.

En considérant l'état des naissances et des décès, pour chaque nation, pendant la période qui sert de base à notre statistique, on trouve que les Européens comptaient par an et par 1,000 :

Les Français...41 naissances, 43 décès

Les Espagnols..46 » 30 »

Les Maltais....44 » 30 »

Les Italiens....39 » 28 »

Les Allemands..31 » 56 »

D'où il ressort que les Espagnols, les Maltais, les Italiens sont dans les conditions d'une multiplication prospère, tandis que les Français se soutiennent à peine et que l'Afrique est le tombeau des Allemands.

Les années 1853 et 1854, que nous eussions pu prendre pour spécimen, nous eussent offert des chiffres moins favorables encore pour les Français, qui ont compté, pendant cette période, 41 naissances par 1,000, contre 52 décès, plus favorables, au contraire, aux autres nations, et en

particulier, aux Espagnols qui ont eu pour 30 décès
49 naissances.

Comme on le voit, l'Espagnol prospère en Afrique, mais
une particularité frappante c'est qu'il y prospère mieux que
sur son sol natal lui-même où sa natalité, que nous avons
vu être en Afrique de 46 par 1,000, n'est que de 37, la
mortalité restant la même dans les deux pays.

Nous remarquerons aussi que les Maltais, dont la race
prospère, dans des proportions voisines de celle des Espagnols, habitent presque toujours la province de Con-
stantine, localité funeste aux Français qui y ont fourni,
pour la période de 1855 et 56 4,400 décès contre
2,687 naissances, et pernicieuse même aux Espagnols qui,
pendant la même période, ont compté 229 décès contre
184 naissances.

La statistique nous l'apprend donc par des chiffres cer-
tains, de tous les peuples immigrés en Afrique, le Français et l'Allemand sont ceux qui prospèrent le moins, et
l'Espagnol est avant tout le colon né de notre Algérie. Ce
privilège, il est facile de voir qu'il le doit à l'avantage
d'être né sous un climat isotherme, ou à peu près, à sa nouvelle patrie. Est-il besoin de rappeler en outre que les
Maures d'Afrique ayant, dans les temps modernes, possédé
l'Espagne pendant une longue suite de siècles, avec un
éclat et une puissance favorable aux croisements, on peut
affirmer que le sang africain a été largement infusé au
sang espagnol et que la température élevée de la pénin-
sule a dû conserver à ce sang sa facile adaptation aux climats tropicaux ?

En jetant un coup d'œil sur nos colonies déjà depuis
longtemps fondées, on remarque d'abord que, partout où
nous avons trouvé des conditions climatériques en rapport avec celles de la mère-patrie, nous avons eu le bénéfice d'un acclimatement qui n'a été qu'une question de temps,

tandis que là où ces conditions nous ont fait défaut, ni le temps ni les sacrifices n'ont pu nous le gagner. La première impulsion des émigrants fut pour les chaudes régions, mais de cruelles expériences faites dans les régions séduisantes de l'Équateur, aux Guyannes, au Mexique, refroidirent l'enthousiasme pour les Tropiques, d'autant plus que ceux qu'une meilleure chance, ou plus de discernement, portèrent vers des latitudes isothermes à leur patrie, ou même un peu plus froides, se multiplièrent avec une vigueur tout à fait extraordinaire: c'est ainsi qu'en Acadie et dans une même bande isotherme que le nord de la Prusse, de l'Ecosse, du Danemarck, 4 à 500 émigrants, en 1671, étaient devenus environ 70,000 indigènes, lorsque sous ce misérable Louis XV, cette heureuse colonie perdit sa nationalité et son nom pour devenir anglaise et s'appeler la nouvelle Ecosse.

De même 10,000 Français qui passèrent au Canada de 1663 à 1670, forment aujourd'hui plus d'un million de Franco-Canadiens, malgré les désastres de la guerre et une forte et incessante émigration aux Etats-Unis.

Aux Etats-Unis du Nord, l'acclimatement de la race anglaise n'est pas moins évident, bien qu'il ait eu pour effet de notables modifications physiques et morales qui constituent le type yankee ; les traits les plus saillants de ces modifications sont la disparition du système cellulo-adipeux, l'amoindrissement du système glandulaire et notamment de la glande mammaire chez la femme, sa fécondité restant la même, enfin une certaine sécheresse générale qui s'accompagne de l'allongement des formes et d'une singulière et fiévreuse activité.

Mais lorsqu'on s'approche des Etats du Sud, alors l'acclimatement devient, pour l'organisme, chose plus grave, des maladies nouvelles surgissent (fièvre jaune) d'autres s'aggravent (fièvre palustre, dyssenterie). « Le premier

» effet qu'on éprouve aux Antilles, dit le docteur **Rufz** de
» la Martinique (*Études historiques et statistique sur la*
» *Martinique*, tom. XI, 1850), est une sorte d'excitation
» générale qui produit un sentiment de force et d'activité
» inaccoutumée ; toutes les distances paraissent petites,
» toutes les fatigues sont hardiment abordées.... Mais les
» gens du pays rient, sous cape, de cette effervescence,
» car ils ont été souvent témoins de sa durée éphémère.
» En effet, après 4 où 5 jours, déjà cette ardeur est
» tombée, le corps s'alourdit, les fonctions s'alanguissent,
» une pesanteur de tête s'oppose au libre exercice de l'in-
» telligence, il semble qu'à mesure que le soleil monte
» sur l'horizon, il s'élève une vapeur, une lourde ivresse
» qui trouble la pensée; on éprouve une horreur du mou-
» vement, un besoin de repos plus irrésistible que celui
» dont on se moquait chez les gens du pays, on n'agit
» plus que par secousses, aux moindres agitations on fond
» tout en eau.... et cette transpiration qu'on augmente
» par un excès intempestif des boissons, est énervante ;
» le sommeil n'est pas réparateur, on se réveille le corps
» lourd, la tête embarrassée, comme après des nuits
» blanches en Europe, le regard perd sa vivacité, la dé-
» sinvolture du corps est empreinte de nonchalance ; il faut
» être bien petit-maître, pour que les soins de la toilette
» ne s'en ressentent pas ; la coloration du visage reste
» rouge pendant quelques temps, mais cette injection
» n'est pas celle d'une coloration vive et riche, elle tourne
» au violet, revient longtemps après que la pression du
» doigt l'a chassée du système capillaire et la respiration,
» souvent suspirieuse, indique une mauvaise hœmatose ;
» ces effets sont d'autant plus prononcés que la saison est
» plus chaude, que les vents d'Ouest soufflent du golfe du
» Mexique. En cet état on est apte à toutes les maladies
» régnantes, fiévre palustre, dyssenterie, fièvre jaune, et,

» si l'émigré triomphe d'une première épreuve, bientôt le
» teint a perdu sa fraîcheur, et, sous le rouge qui s'efface,
» on voit prédominer cette teinte fiévreuse jaune paille,
» caractéristique des indigènes, qui les fait prendre à l'ar-
» rivant pour des malades sortant de l'hôpital. » Aussi la
fièvre jaune, qui parcourt en souveraine les Antilles et
le golfe du Mexique, oublie rarement ses nouveaux sujets, dont, suivant ses arrêts capricieux, elle moissonne les deux tiers, la moitié, le tiers, et, dans ses plus
bénignes visites, un sixième, un septième, lui paient
leur tribut ; par une heureuse ressemblance avec la va-
riole, elle n'est pas sujette à récidive ; mais cette première atteinte à l'organisme, secondée par le climat, ne
fait qu'augmenter l'aptitude à toutes les maladies régnantes, fièvre palustre, dyssenterie, hépatite: « La dys-
» senterie, dit encore le docteur Rufz, est partout et
» presque toujours le fléau des pays chauds ; jeunes ou
» vieux, acclimatés ou non, sobres ou intempérants, hom-
» mes ou femmes, soldats, matelots, religieuses, tous y
» sont exposés ; on ne trouve guère d'hommes dans les
» colonies dont elle n'ait mis, au moins une fois, l'exis-
» tence en péril, les rechutes en sont plus graves et c'est
» pour cela qu'on a le plus de mortalité chez les troupes
» dont le séjour est prolongé. » (Rufz, *Loco utato*).

Aussi la mortalité de la garnison française aux Antilles
est-elle de 92 par 1,000, 4 fois et demi plus considérable
qu'en France, et, lors de la guerre désastreuse de St-Do-
mingue, le climat, funeste aux troupes européennes,
servit-il mieux les projets du chef noir que ses bandes in-
disciplinées (Thiers, *Hist. du Consulat et de l'Empire*,
tom. IV).

Est-il rationel de penser qu'au milieu de ce conflit de
causes destructrices ou modificatrices, l'homme puisse
conserver la faculté de se reproduire dans une race valide ?

Là est tout le problème de l'acclimatement sans lequel il n'y a point de colonisation possible. Faute de statistique de détails, cherchons dans les mouvements de la population des colonies, les éléments à l'aide desquels on peut résoudre cette question.

La population blanche de la Martinique, qui prend possession de l'île en 1635, s'accroît par l'immigration jusqu'en 1740, où elle s'élève à 15,000 blancs ; mais la guerre des colonies, sous le fatal règne de Louis XV, arrête l'immigration ; alors la population blanche diminue, elle n'est plus en 1767, que de 12,900, en 1778, encore de 12,000 (Rufz) ; mais en 1848, elle n'est plus que de 9,500 (*Statistique de France*, tom. I).

Ainsi la population blanche diminue dès que l'immigration cesse de l'alimenter : vainement on dirait que ce dépeuplement a été l'effet de la guerre, des révolutions politiques ; l'Acadie, le Canada, la France elle-même que des commotions plus terribles encore, ont si souvent et si longtemps travaillée, n'ont pas vu arrêter le développement de leur population ; c'est qu'ici le climat n'a su que dévorer les populations immigrantes et que là il répond par des conditions favorables aux besoins de la propagation. Aussi l'immigration, dont le péril est connu, est-elle arrêtée, et c'est en vain qu'en 1849, le docteur Rufz, maire de la Martinique, faisant appel à de nouveaux colons, nous pourrions dire à de nouvelles victimes, s'écrie : « Nous ne » sommes pas 10,000 (blancs), le quart des terres est à » peine en culture, les colons ont à discrétion la farine de » manioc, le poisson frais ; le porc, les volailles, les bes- » tiaux s'élèvent presque sans soins.... et cette population » diminue ! Et pourtant nos blancs privilégiés ont le nègre » pour leur épargner tout travail fatiguant, la culture » de la terre, le travail meurtrier des sucreries qui » amène une mortalité de 100 à 125 par 1,000. . Il y a

» au moins 10 nègres pour un blanc, on peut dire pour
» nourrir un blanc ! » (Rufz, Ouvrage cité.)

Ce que nous venons de dire de la Martinique s'applique
également à la Guadeloupe qui a même climat, même latitude, même population stationnaire et où la mortalité de
nos garnisons françaises, bien qu'on les change assez souvent, est de 92 par 1,000, comme à la Martinique. Le docteur Rochoux, notre compatriote, qui a observé dans ce
pays, déclare que les familles blanches qui ne sont pas de
temps en temps retrempées par un croisement européen,
ne tardent pas à s'éteindre dès la 3me ou 4me génération,
et le docteur Rufz lui-même, partisan du système colo-
nial, malgré (1) le tableau affligeant qu'il nous traçait, il
n'y a qu'un instant, déclare « que l'émigrant aux colonies
» ne doit pas rompre absolument avec l'Europe, qu'il est
» bon qu'il s'y retrempe de temps en temps ; il pose même
» que des régiments entièrement coloniaux qu'on s'abs-
» tiendrait de renouveler, dans la pensée qu'un séjour
» continuel les acclimaterait mieux, finiraient en peu d'an-
» nées, par se fondre entièrement. »

Est-il possible de mieux formuler notre inacclimatement
dans ces pays ennemis de la race européenne ? Et cependant l'acclimatement des Français paraît plus difficile encore à la Guyanne française qui se range dans le même
groupe climatérique ; la fièvre jaune y est moins fréquente,
mais l'anémie tropicale y est plus rapide et l'influence palustre infiniment plus developpée et plus funeste. Aussi
cette colonie compte-t-elle à peine 1,100 français.

Un ancien gouverneur de Cayenne, Nasclavy de Trauvelet,
donnait en 1742, la statistique suivante de ses administrés :

Durée du séjour	1er	2^{e}	3^{e}	4^{e}	5^{e}	6^{e}	7^{e}	8^{e}	9^{e}
Mortalité sur 1,000 colons.	15	19	42	21	60	75	82	102	125

(1) M. Rufz est né à la Martinique ; on ne doit pas s'étonner qu'il fasse à son
titre de citoyen le sacrifice de ses idées médicales.

Tel est le sort de l'émigrant français dans un climat plus funeste encore que séduisant ; acclimaté en apparence dans les premiers temps de son séjour, il ne tarde pas à être dévoré par cette terre trompeuse. Dans les premiers temps, son organisme qui n'est pas vaincu par le méphitisme, arme terrible de la mort dans ces contrées fatales, lui dispute avec un avantage trompeur ses victimes; 1re, 2e, 3e année, mortalité moindre qu'en France, puis, dans les années qui suivent, toute résistance a cessé ; la mort moissonne à pleine faulx dans ces organisations affaiblies. C'est que, ainsi que l'a dit le docteur Michaud, jeune médecin plein de talent qui vient d'être enlevé par la fièvre jaune, à la Vera-Cruz, « ce que la mort a épar-
» gné dans les premiers temps prend un aspect triste,
» apathique, maladif, qui n'est que le cachet d'une des-
» truction inévitable; une dégradation lente s'est emparée
» de l'organisme, une lenteur maladive des mouvements et
» souvent des conceptions, caractérise l'acclimaté, son
» pouls est faible et mou, sa respiration lente, les forces
» amoindries ne sont pas capables d'efforts soutenus,
» elles s'exaltent et tombent vite. » (MICHAUD, Thèse.)

Cette latitude inhospitalière n'est pas moins funeste aux Anglais qu'à nous, leurs garnisons mieux choisies, mieux surveillées y sont frappées d'une mortalité quadruple de celle qui leur est propre (66 par 1,000), et M. Nott nous apprend que les Anglais des Antilles ont soin d'envoyer leurs enfants en Angleterre, qu'eux-mêmes perdent les traits caractéristiques de leur race, leurs qualités intellectuelles ; leur vieillesse est anticipée, leur vie moyenne raccourcie, ainsi que les tables d'assurances sur la vie en font foi ; l'infusion même de leur sang dans la race nègre ne produit que de pauvres résultats, les mulâtres à sang anglais ne réussissent pas, meurent vite et ont une postérité débile et qui s'éteint.

Il en est autrement des Espagnols, quoique leurs stations
et leurs éléments météorologiques soient les mêmes que
ceux des Antilles anglaises; comme en Afrique, nous in-
sistons sur ce rapprochement, ils s'acclimatent; à Cuba, de
96,440 en 1776, ils sont arrivés par une crue régulière à
793,484 en 1861 (Rama de la Sagra) ; que l'immigration
ait une part dans cette étonnante progression, cela est
possible, mais le développement propre de la population
n'en est pas moins énergique et un double fait reste acquis, c'est que, dans ces climats, l'Espagnol immigré vit,
et, comme conséquence, qu'acclimaté il s'y produit rapidement et sûrement. Pouvait-il en être autrement, puisque,
comme en Afrique, les naissances espagnoles donnent un
résultat supérieur aux décès, en Afrique 30 décès par
1,000 et 46 naissances, à Cuba, 24 décès, 41 naissances,
proportion, comme en Afrique, plus favorable encore
qu'en Espagne où l'on compte seulement 37 naissances par 1,000, la mortalité restant la même dans les deux
pays.

Ce que nous savons de Porto-Rico n'est que l'entière
confirmation de ce qui vient d'être dit pour Cuba ; la population espagnole qui y était, en 1851, de 188,970 hab.
(Bescherelle, *Dict. de géographie*), y est comptée, dans
la statistique espagnole de 1861, pour 300,406; en dix
ans seulement, une augmentation de 111,436! Rien ne
témoigne plus hautement que ces chiffres du facile acclimatement de la race espagnole aux Antilles et leur immigration dans ces climats hospitaliers ainsi que leur rapide
propagation, s'explique par la facilité avec laquelle ils s'y
adaptent, tandis que un fait précieux et qui met, pour
ainsi dire, en présence, la profonde différence d'aptitude
des races pour l'acclimatement, tranche à tout jamais la
question, ce fait, le voici : à la fin du xviie siècle, les
Anglais, toujours prêts à prendre, s'étant emparés de

Porto-Rico, furent forcés, *par les maladies*, de l'abandonner peu de temps après (BESCHERELLE).

Par une heureuse exception, sous le climat africain, Saint-Hélène, Maurice, La Réunion, *paraissent* se prêter à l'acclimatement des Français; la mortalité de notre garnison, à La Réunion, n'est que de 20 par 1,000, et même on rencontre, dans l'intérieur de l'île, dit le docteur IVAN, une population remarquable, descendants non croisés des premiers colons et connus sous le nom de petits blancs, laquelle, retirée loin des villes dans le haut pays, se perpétue avec tous les attributs d'une beauté remarquable.

Mais, tout près de ces deux îles et sous la même latitude, le poison palustre seconde avec fureur un mortel climat; à Mayotte, Sainte-Marie, Nossi-Bé, nos garnisons qui viennent de La Réunion, avec toute la vigueur qu'elles y ont conservées, peuvent à peine tenir une année; dans cette première année, pendant laquelle chaque homme entre en moyenne huit fois à l'hôpital, la mortalité est de 60 par 1,000, et un plus long séjour ne tarderait pas à détruire, par une mortalité incessante, les garnisons tout entières (FAMEYREAU, thèse).

Tel est l'ensemble des faits que présentent les colonies modernes au point de vue de l'acclimatement; voyons s'ils sont en harmonie avec ceux que nous offre l'antiquité aussi colonisatrice que conquérante.

La plus ancienne et la plus importante des migrations dont l'histoire nous révèle l'existence, est la migration indo-européenne; des plateaux de l'Asie centrale, dont la température est une moyenne dans la zone tempérée elle-même, la race indo-européenne entre en Europe où elle s'écoule par des migrations lentes, mais sûres, soit par la Thrace, la Macédoine, la Grèce, soit par le Nord, où elle devient Celte, Sarmate, Goth, Germain; son adaptation aux climats des contrées qu'elle envahit, est d'autant plus facile, qu'elle le retrouve à peu près isotherme à celui qu'elle a quitté, d'autant plus sûre que, par suite des résistances qu'elle éprouve de la part des populations qu'il faut refouler, absorber ou détruire, elle subit, dans sa marche souvent interrompue, les lenteurs dix fois séculaires peut-être de nombreuses étapes.

Les rameaux de cette race conquérante se développent à leur tour et, par les effets d'une rapide prospérité, ne tardent pas à épancher ailleurs leur trop plein; c'est ainsi que les colonies aventureuses des Hellènes apparaissent sur les bords de la Méditerranée; celles qui touchent les côtes de l'Europe, de l'Asie-Mineure presque isothermales à la Grèce, réussissent à merveille, et la plupart existent encore de nos jours; mais celles qui se risquent sur les rives africaines, ou périssent misérablement, ou n'ont qu'une existence éphémère, due aux recrues incessantes de la métropole; si, dans ce climat, il en est quelques-unes dont l'histoire a célébré la puissance, Carthage, Utique, Hippone, c'est qu'elles n'étaient ni grecques, ni indo-européennes, mais syro-arabes, c'est-à-dire l'œuvre de peuplades issues des pays chauds, les mêmes qui, plus tard, colonisérent les côtes méridionales de l'Espagne, du Portugal, de la Sicile.

Rome, à son tour, devient colonisatrice; l'Espagne, la Sicile, situées dans une bande isotherme à l'Italie, fécondent ses colons, et leur prospérité n'est pas moindre dans les régions du nord de cette même bande, telles que la Gaule, les rives du Danube; ce qui prouve que les peuples du midi peuvent s'avancer impunément vers le nord, tandis qu'à ceux du nord, ainsi que nous l'avons démontré, les bandes méridionales sont toujours inhospitalières.

Aussi, quand Rome touche les bords africains (l'Afrique carthaginoise et particulièrement notre Algérie), vainement elle s'épuise en efforts pour en faire une province

romaine; elle trace des routes, élève des villes, des mo-
numents, envoie des colons; que reste-t-il aujourd'hui de
cette occupation onéreuse de sept siècles? D'imposantes
ruines, comme pour attester en même temps la grandeur
et la vanité de l'effort.

L'empire romain est tombé, et les barbares, rameau
indo-européen qu'un séjour de dix siècles, de vingt peut-
être, aidé sans doute des croisements, a acclimatés dans
les plus froides contrées de l'Europe, tournent tout à coup
leurs regards vers l'antique berceau de leur race, et,
comme pour remonter à leur source, commencent en sens
inverse, un mouvement d'émigration d'Europe vers l'Asie:
ceux qui, après avoir franchi les Alpes, s'arrêtent en Lom-
bardie, s'y acclimatent, et leur longue résistance aux Romains témoigne de leur prospérité; mais ceux qui se
rapprochent de l'Asie, pénètrent par la Pannonie, l'As-
syrie, la Macédoine, la Thrace, jusqu'à l'Hellespont qu'il
traversent, pour s'arrêter dans cette partie de la Phrygie
qui prend de leur nom celui de Galatie, ceux-là ne tardent
pas à dégénérer, sont battus par les Asiatiques eux-mêmes
et retombent sous le joug des Romains qui, cependant,
n'étaient plus alors que l'ombre du grand peuple.

Le climat du Midi, impitoyable pour les enfants du
Nord, décime les Goths en Italie; en moins d'un siècle,
l'Espagne dévore les Visigoths et l'Afrique devient le tombeau des Vandales.

Nulle contrée n'a été plus foulée par l'émigration que
l'Egypte, cette terre antique, avant toutes les nations,
attirées vers elle par l'attrait invincible de sa fertilité, ses
splendeurs, ses merveilles, sa civilisation; trop longue
serait la liste des peuples anciens et modernes qui l'ont
possédée jusqu'aux Vénitiens, aux Français, aux Anglais,
ou y ont soutenu des colonies à grands frais et par des
immigrations incessantes : à un seul peuple il fut donné

de trouver grâce devant ce climat ennemi de l'étranger; la chronique biblique nous l'apprend, 70 israélites entrent, avec Jacob, dans la terre de Gessen (Genèse, 27), et 430 ans après, chassés par les Pharaons, que leur rapide propagation inquiète, ils quittent l'Égypte avec Moïse, au nombre de 600 mille combattants, sans les femmes et les enfants (Exode, 12); malgré son séjour au milieu d'un peuple ennemi, malgré les persécutions, la race de Jacob a prospéré en Égypte; c'est qu'elle y a trouvé un climat isotherme à celui du pays qu'elle a quitté.

Les lois de l'acclimatement sont de tous les temps; les peuples qui sont entrés en conquérants dans la vallée du Nil, ont choisi pour leurs établissements les localités les plus salubres, ainsi que l'attestent les ruines de ses constructions romaines ou autres (Aubert-Roche), et cependant tous y ont été dévorés.

« Six cents ans de domination n'ont pu donner aux » Mamelucks le pouvoir de créer une lignée subsistante, » pas même une seconde génération; tous leurs enfants » périssaient dans le premier et le second âge, et cette » caste guerrière ne se perpétuait qu'en se recrutant par » l'achat de jeunes Circassiens. » (Volney).

D'après le docteur Schnapp, médecin sanitaire de France à Alexandrie, les recherches les plus minutieuses ne permettraient pas de trouver, dans ce pays, une famille étrangère qui ait prospéré et qui se soit propagée dans une suite de générations; si une colonie étrangère ne s'épuise pas en Égypte, c'est qu'elle est sans cesse complétée par des immigrations successives; ces faits sont pleinement confirmés par le docteur Pruner Bey, savant égyptologue, qui nous dit que les enfants des européens, comme ceux des Turcs, n'y dépassent guère quatre ou cinq ans, moissonnés qu'ils sont par la meningite, quand ils arrivent à cet âge. Méhémet-Ali lui-même, qui a eu près de cent enfants avec des femmes de tout sang, n'en n'a pu élever que quelques-uns et un seulement subsiste ; le nègre lui-même, esclave né de l'Égypte où il est parfaitement traité, n'a jamais pu y faire souche et ce n'est que par importation qu'il s'y perpétue (Pruner Bey).

Ce qui se passe en ce moment dans l'isthme de Suez, sur lequel une juste sollicitude fixe tous les regards de l'Europe, semblerait faire une heureuse exception à ce que nous venons de dire de l'Égypte. D'après M. Aubert-Roche, médecin en chef du service médical de l'administration, malgré les grands travaux qu'ils exécutent, souvent dans un sol marécageux, les nombreux ouvriers occupés à ces travaux jouiraient d'une santé qui ne laisse rien à désirer, et ils n'auraient que 12 décès par 1,000 ; la population européenne elle-même, qui est de 1,250, n'aurait rien à leur envier, sa mortalité n'étant que de 16 par 1,000, moins grande qu'en Europe. Nous ne discuterons pas ces chiffres, mais nous observerons : 1° qu'on ne peut rien conclure d'une statistique de mortalité qui n'est pas mise en présence de celle de la nativité ; 2° qu'une mobilité constante étant l'état normal des individus qui sont l'objet de cette statistique, beaucoup, parmi eux, échappent à ses investigations, lesquels n'ont d'élément certain que le chiffre qui reste le même, pendant que les sujets se succèdent ; 3° que les ouvriers qui exploitent pour le compte de la compagnie la terre de Gessé, étant tous Arabes, et ceux qui travaillent au percement de l'isthme étant Grecs ou Italiens (*Communication orale de* M. Jules Voisin, employé de M. de Lesseps), il ne serait pas étonnant, qu'en raison de leur origine et sur le point le moins insalubre de l'Égypte (Pruner Bey), ils fournissent, même par une statistique normale, des résultats satisfaisants ; 4° que, parmi les ouvriers, la plupart n'ont sans doute ni femmes, ni enfants ; que 150 Français seulement ont avec eux leur famille ; d'où il résulte qu'une statistique normale, si l'on voulait la tenter, manquerait de l'élément le plus fécond, en Égypte surtout, la mortalité des enfants en bas âge ; 5° nous pourrions ajouter, en ce qui concerne les Français, que tous jeunes, valides, mus par des sentiments dont l'effet est de stimuler le moral et de soutenir le physique, protégés par une surveillance médicale aussi active qu'éclairée, n'ayant aucune préoccupation à l'égard de leur retour dans leur patrie, pas d'obstacles à vaincre, pas de luttes à soutenir pour leur compte, ils n'ont aucun des caractères du colon, chez lequel la certitude de ne revoir jamais le sol natal, les difficultés à surmonter, souvent les hostilités à contenir, et, par-dessus tout, l'inquiétude que cause la famille, jointe à la préoccupation de ses besoins, affectent certainement l'organisme et atténuent grandement les chances d'acclimatement.

Nous avons à Suez, des travailleurs, des employés, mais on ne peut pas dire des colons, et de leur état sanitaire, on ne peut rien préjuger en fait d'acclimatement.

En présence des faits que nous venons de puiser dans l'expérimentation de la colonisation ancienne et moderne, que deviennent les théories absolues, les plaidoyers ardents de ceux qui, sans autres preuves, sans autre appui qu'un légitime, mais impuissant désir, ont proclamé, au mépris de l'expérience, la possibilité des improvisations coloniales quand même et partout ? « *Tout le monde sait*, dit » **M.** le docteur Cazalis, *et personne ne conteste* qu'en » raison de la merveilleuse flexibilité de son organisa-» tion, propre à se plier aux exigences les plus extrêmes, » l'homme peut vivre et se perpétuer dans tous les cli-» mats » (*Moniteur algérien*, 24 juin 1854). Et un autre : « Avant tout, je commence par déclarer que, dans ma » pensée bien arrêtée, l'homme, et surtout le blanc, peut

» s'acclimater, travailler, prospérer sur tous les points du
» globe » (E. CARREY, *Moniteur.*)

Et c'était pendant que les fervents apôtres de ces étranges théories les proclamaient en face de l'affirmation contraire de cinquante siècles (1853, 54, 55, 56), que la
statistique recueillait, en lignes funèbres, les chiffres trop
éloquents qu'elle nous a fournis plus haut.

Non, la vérité est que, dans tous les temps, anciens ou
modernes, une loi inflexible a fatalement réglé le sort des
essais si communs de colonisations ; tout peuple qui a su,
soit par un mouvement lent et progressif, soit par un dé-
placement rapide échanger son climat natal contre une zone
aux mêmes conditions climatériques ou un peu plus
froide, a pu prospérer ; ceux, au contraire qui ont quitté
les climats tempérés du nord, pour conquérir les pays
séduisants du midi, n'ont abouti qu'à être dévorés par ces
terres inhospitalières, ou tout au plus à y fonder des colonies languissantes.

Et ce n'est pas d'aujourd'hui que cette loi souveraine
des chances de l'émigration a été reconnue ; TITE-LIVE
place dans la bouche de Manlius, encourageant ses soldats à combattre les Galates, *peuples dégénérés*, dit-il,
parce qu'ils ont quitté leur climat, ces mots dignes
d'être médités, sur l'acclimatement : « Sicut in frugibus
» pecudibusque, non tantum semina ad servandam in-
» dolem valent, quantum terræ proprietas cœlique sub
» quo alantur mutet. » (TITE-LIVE, livre XXXVIII, cha-
pitre XVII.

A vingt siècles de là, un écrivain, accordant la science
moderne avec la doctrine de l'auteur latin, livrait à la mé-
ditation des esprits colonisateurs, cette juste et prudente
réflexion : « Comment n'a-t-on pas vu que plus l'homme
» jouit à un haut degré des caractères qui le distinguent
» des autres espèces, plus il est susceptible d'être influencé

» par l'ensemble des causes physiques qui constituent le
» climat ? » (LONDE, *Dict. de Méd.*, Climat, 1830)

En Afrique, ce n'est donc ni dans les fautes de nos colons
ni dans les erreurs des gouvernements, s'il y en a eu,
que réside la véritable difficulté de colonisation; la statistique des décès et des naissances, le peu de progrès que
fait l'immigration, la logique des faits anciens et modernes que nous avons cités, démontrent surabondam-
ment que l'obstacle réel est dans les conditions climatériques qui s'pposent à l'adaptation de nos colons. Cet obstacle
est l'effet de trois causes inégalement distribuées sur le
sol africain : 1° la température toujours élevée; 2° les
émanations telluriques et palustres ; 3° le sirocco ou vent
du désert, le même qui, au Sénégal amène les hépatites,
moins torride en Afrique, parce qu'il s'est rafraîchi, en
passant sur les sommets de l'Atlas, et pourtant assez brûlant encore pour troubler singulièrement l'organisme européen ; trois causes qui, isolées ou réunies, produisent les
fièvres, les dyssenteries, l'hépatite purulente, l'ophtalmie
(BOUDIN), et minent sourdement la santé, et surtout celle
des Français.

Les partisans de la colonisation quand même résolvent
le problême de l'acclimatement par une brillante hypothèse dont le résultat est plus désirable que facile à réa-
liser, c'est que toute l'Algérie soit défrichée, canalisée,
drainée ; quand on songe que cinquante ans d'une
.agriculture progressive ont à peine ébauchés les travaux
que réclament les marais que la France a à déssécher, les
terres qu'elle a à assainir, on se demande combien il fau-
dra de siècles et d'efforts, de sacrifices de vies humaines
pour un territoire aussi vaste que la France elle-même et
dont le sol entier est à assainir; et si l'on considère que
notre population, sollicitée par les grands travaux de
l'agriculture, des chemins de fer, par ceux non moins

grands de la capitale , devient chaque jour insuffisante (1), on se demande si ce ne serait pas méconnaître les règles les plus élémentaires d'une bonne politique que de faire peser sur la France la tâche impossible d'alimenter l'Algérie de travailleurs.

Ce serait une faute d'autant plus regrettable que fussent-ils faits, les travaux sur lesquels on compte pour faciliter la colonisation de l'Algérie, ne changeraient que bien peu de chose à la situation; l'acclimatement des Français aurait acquis, sans doute, quelques chances de plus, mais n'en resterait pas moins une lointaine hypothèse, tant que sur le sol africain l'invincible sirocco promènera son haleine brûlante et que pourront l'atteindre les rayons dévorant du soleil des Tropiques.

Ce que nous avons dit des Espagnols, des Maltais, des Italiens, auxquels on peut ajouter le Juif, race propre aux pays chauds, comme on l'a vu par sa rapide propagation en Egypte, porte avec soi un enseignement ; c'est à ces peuples qui ont sur nous l'avantage de pouvoir s'adapter au climat africain que doit revenir la mission d'être les agents principaux de notre colonisation. Que non seulement la porte de l'Algérie soit donc toute grande ouverte à tout ce qui porte dans ses veines le sang méridional, mais encore qu'on encourage l'immigration de ces auxiliaires utiles par tous les moyens possibles, l'appât des terres, les immunités, etc.

Le blanc d'Europe n'a jamais eu que de la répugnance pour la noire africaine; l'Espagnol, au sang chaud, n'a pas dédaigré la femme indigène des colonies, et y a partout créé, par des croisements heureux, une race forte et capable de se propager en longues et nombreuse générations (Cuba); qu'on l'intéresse, ainsi que tous les immi-

<hr>

(1) Plusieurs départements restent à peu près sans culture faute de bras.

grants du reste, à infuser le sang européen dans les veines africaines, et, qu'en peuplant la colonie, il nous attache la population indigène par le lien le plus puissant de tous, celui du sang; ainsi se formera une race forte, défiant le climat et qui, avec le temps, par sa nature semi-euro-péennne, conviera le Français lui-même à prendre part à de nouveaux et heureux croisements.

L'État vient de traiter avec une Compagnie puissante pour exécuter les grands travaux qui doivent être le préli-minaire indispensable de la mise en culture de l'Afrique; suivant nous là doit se borner le rôle de cette Compagnie; le colon véritable est celui qui travaille par lui-même et pour lui-même. La Compagnie, être abstrait, qui ne fait rien que par les bras d'autrui, a une grande puissance d'ac-tion, cela est vrai; mais malgré sa loyauté, elle n'en reste pas moins une spéculation dans laquelle le capital n'entre que comme moyen d'action d'un instant pour rentrer dans les mains dont il est sorti avec un bénéfice, dût le sol qu'on a été appelé à exploiter rester épuisé pour longtemps. Le capital du petit colon, c'est sa personne; marié au sol qui ne doit plus sortir de ses mains, loin de l'épuiser il le féconde avec tout le zèle qui naît de la possession; pour la Compagnie, la terre n'est qu'une caisse qu'on remplit quand on la prend, mais qu'il faut vider quand on la remet à celui de qui on la tient, tandis que le colon véri-table y accumule chaque jour avec une nouvelle sollicitude les éléments de sa prospérité future.

Ce n'est donc pas le spéculateur qu'il nous faut en Afrique, mais le colon et, pour l'y attirer, pour l'y fixer, l'État ne doit reculer devant aucun sacrifice; il faut qu'il bâtisse sur des points bien choisis, bien étudiés, des vil-lages qui seront autant de centres où la religion, l'instruc-tion, les rapports journaliers entretiendront la confrater-nité d'où naît la confiance, la sécurité; le colon trop isolé, perd, au contact d'une nature sauvage, ses instincts religieux et sociaux et est exposé au découragement qui est l'effet de la solitude. Il faut que de son champ il voie le seuil de sa maison et que, du seuil de sa maison, il voie le temple où sont déposés les traditions consolantes de la religion de ses pères, le signe de l'autorité qui le protège, l'école où ses enfants vont puiser l'instruction qui doit les développer, les perfectionner, l'asile ou une médecine protectrice l'attend, lui et sa famille, dans les moments de souffrance, et la source féconde dont l'eau bienfaisante lui permet d'échapper aux atteintes d'un climat brûlant.

Ainsi conçu, l'établissement de nos colons sera toute autre chose que la plupart des institutions qui existent en Afrique; que Metray s'y reproduise dans de nombreuses succursales, nous le comprendrions; mais le pénitencier dont le personnel inquiet, mécontent, indifférent à une prospérité qui ne doit pas être la sienne, travaille, pour ainsi dire, la chaîne aux pieds, est un véritable contre-sens en colonisation, et singulière est l'idée de trouver excellents pour participer à la fondation d'une société nouvelle, les hommes qu'une vieille et forte métropole redoute comme un danger pour elle.

On nous dira encore que tout ceci est une question de dépenses pour l'État; c'est bien ainsi que nous l'entendons; n'avons-nous pas, pendant des siècles, soutenu, par des sacrifices énormes, nos colonies dont la guerre nous a enlevé la plupart, et ces sacrifices ne se continuent-ils pas encore pour celles qui nous restent? L'Afrique, qui est presque un royaume et vaut mieux qu'elles toutes réunies, n'a-t-elle donc pas droit à un budget? Et la nation qui, des Dardanelles et du Tibre, au golfe du Mexique, n'a ménagé ni son or, ni le sang de ses soldats pour défendre l'indépendance des peuples, hésitera-t elle un instant à doter l'aînée de ses colonies?

L'armée d'Afrique, par une mesure bien entendue, se ravitaille par des régiments que leur séjour dans nos garnisons du midi a préparées a soutenir les effets d'un nouveau climat; ne serait-il pas possible de faire davantage encore et de n'envoyer en Afrique que des soldats tirés des départements méridionaux ? (1)

L'empereur Napoléon 1er avait pensé, un moment, à emprunter aux Romains l'idée des colonies militaires (THIERS, *Hist. du Consulat et de l'Empire*, tom. IV, livre XVI) ne pourrait-on pas tenter la formation de quelques corps volontaires qui, à la fin de leur service, lequel s'effectuerait tout entier en Afrique, se transformeraient en colons par l'abandon de maisons et de terres qui leur seraient données, avec les moyens d'en commencer la mise en valeur ? Il y aurait certainement une grande différence entre le soldat allant ainsi, comme le colon de l'antiquité, à la conquête pour son propre compte, et nos soldats d'aujourd'hui qui, malgré leur bravoure éprouvée, n'aspirent, par un sentiment bien naturel, qu'à quitter un pays où ils n'ont d'autre intérêt que l'attrait dangereux des combats.

La question hygiénique qui a préoccupé avec raison les législateurs des pays chauds, mérite aussi toute l'attention du gouvernement; Moïse et Mahomet nous ont donné l'exemple, et, tout récemment une mesure analogue à leurs lois appliquée à l'armée anglaise des Indes, décimée par l'abus de l'alcool, a produit les meilleurs résultats. (MARSHALL, 1834.)

En Afrique, l'Espagnol trouve, dans son aversion profonde pour l'ivrognerie, une chance de plus pour son adaptation au climat, tandis que, pour nos colons et nos

____

(1) D'après M. le Dr ROUIS sur deux cent-neuf cas d'abcès du foie, cent trente-huit se seraient rencontrés chez les Français du nord et les individus appartenant aux races septentrionales et soixante-onze seulement chez les Français du midi, ou des sujets de race méridionale. (ROUIS J. L. *Recherches sur les suppurations du foie, d'après des observations recueillies en Afrique, 1860.*

soldats, l'abus chaque jour croissant des alcools et surtout de l'absinthe, devient une source de destruction dont les effets ne sont pas moins puissants que ceux du miasme paludéen (Dr G. LANCEREAUX, Alcoolisme, 1865.). Telle est dans ces climats la pernicieuse influence des alcooliques, même sur les indigènes, que M. QUATREFARGES met leur abus à côté des épidémies et de la guerre, et M. RUFZ pense, avec MUNGO PARK, le Dr IVAN et le plus grand nombre des auteurs, que l'eau de feu a été le principal agent de destruction des Indiens de l'Amérique et de la race noire africaine. (*Bul. de la Société d'anthropologie*, liv. I, p. 276; Dr IVAN, *de Paris en Chine.*)

Mais l'élément le plus fécond, le plus sûr de la colonisation de l'Afrique réside dans sa propre population. Lorsqu'une nation, évacuant le trop plein d'une population exubérante sur des colonies, peut leur fournir assez d'hommes pour lutter avec la race indigène, elle peut, avec le temps, se substituer à cette race ou l'absorber en lui infusant, en même temps que son sang, ses lois, ses coutumes, sa science agricole, industrielle; tel fut souvent le rôle des anciens, mais quand la nation conquérante, et c'est là le cas de la France, n'a déjà pas trop, pas assez de bras pour féconder ses richesses intérieures et suffire aux besoins de l'agriculture, de l'industrie, de la guerre, quand de plus l'expérience a démontré que ses émigrants ne peuvent que d'une manière hypothétique, ou du moins, avec beaucoup de temps, s'adapter au climat de la colonie future, c'est dans la population conquise qu'il faut chercher des auxiliaires aussi utiles que sûrs.

Déjà l'Arabe est admis dans les rangs de notre armée, son orgueil en est flatté, et, plus d'une fois en rentrant sous la tente avec une connaissance plus exacte de nos mœurs, il a dû se faire, au milieu de sa tribu, le missionnaire de la civilisation européenne. L'empereur Napoléon III, vient

de donner une nouvelle preuve de sa haute sagesse, en ou-
vrant à l'habitant d'Afrique la porte de nos administrations
et le mettant ainsi à même, par l'action lente, mais sûre de
ses rapports journaliers avec nous, d'apprécier les bienfaits
de nos institutions. Le jour où l'Arabe sera convaincu que
nous ne voulons ni l'absorber, ni le détruire, mais l'in-
struire et l'élever jusqu'à nous, il n'aura plus qu'un désir,
celui de ne pas rester au dessous de nous ; le jour où une
religion tolérante l'initiera, à force de douceur et de charité,
à la grande pensée du christianisme, il deviendra meilleur
et sera déjà chrétien quand il se croira encore mahométan,
et ainsi sera réalisée la parole prophétique de l'empereur, il sera de la grande famille française

« La France, disait, il y a plus de 25 ans, un économiste
» préoccupé de l'avenir de l'Algérie, ne possède plus
» qu'une très petite partie de ces colonies, et ses enfants
» ne s'y trouvent plus en contact avec les indigènes. Mais
» la conquête d'Alger vient de lui ouvrir, de nos jours,
» une carrière nouvelle pour la civilisation. Le moment
» est venu où la race européenne peut acquitter sa dette
» envers le genre humain, où elle peut porter la liberté, la
» justice, l'agriculture, la philosophie, tous les arts de la
» paix, de port en port, de rivage en rivage, sur les bords
» de cette même mer Méditérannée que les Grecs couvri-
» rent autrefois de leurs colonies. La race arabe et
» maure, avec laquelle les Français se trouvent en contact,
» s'est montrée capable de la plus haute civilisation... Elle
» a été longtemps opprimée, elle a beaucoup souffert, elle
» en sentira plus vivement les avantages de la sécurité,
» de l'équité, de la bienvaillance. Sous un gouvernement
» juste, elle peut, en peu de temps, multiplier avec rapi-
» dité, couvrir de la merveilleuse agriculture qu'elle
» avait introduite autrefois à Grenade, à Valence, une
» région non moins fertile que l'Espagne et qui n'est

» guère moins étendue. Trois fois la civilisation à été
» portée à cette même race, dans cette même contrée, par
» les Phéniciens. les Carthaginois, les Romains, et chaque
» fois elle y a produit des fruits précieux. Il n'y a pas
» neuf siècles que les arts, les lettres, les sciences, tout
» ce qui fait aujourd'hui la gloire de l'Europe, florissaient
» à Cairoan, tandis que nos pères étaient plongés dans la
» barbarie Les Français se montreront-ils plus incapables
» de rendre l'ordre, la paix, le bonheur et la culture de
» l'esprit au nord de l'Afrique, que ne le furent les succes-
» seurs de Mahomet ?...

» Mais ce n'est pas de transporter quelques milliers de
» colons français, quelques milliers d'aventuriers sur le
» rivage d'Afrique qu'il s'agit, ce n'est pas de fonder
» quelques fermes expérimentales dans la plaine de Mi-
» tidja, ou de donner de la valeur aux actions de quelques.
» compagnies de spéculateurs, *c'est de faire rentrer*
» *deux millions et demi de sujets, ou mieux encore*
» *d'alliés à la France*, d'Arabes ayant recouvré l'espé-
» rance et l'orgueil de leur nationalité, dans la carrière
» du bonheur et du perfectionnement; c'est de rendre, à tout
» cultivateur arabe, la sécurité qu'il a depuis longtemps
» perdue, pour qu'il redemande, à ces fertiles campagnes,
» les riches produits que ses pères leur demandaient au-
» trefois, et qu'en même temps il soit éclairé, dirigé par
» les sciences des Français, qui s'associeront à lui pour
» lui enseigner à faire mieux encore. Ce doit être la tâche
» des Français, de relever, de faire prospérer toutes ces
» villes qui étaient autrefois le séjour d'un grand peuple ;
» de ranimer ces arts, cette industrie, ces manufactures
» qui offraient autrefois tant d'objets d'échange aux Euro-
» péens, et d'aider les Maures soumis, comme les Maures
» alliés, à profiter de tous les progrès de la science pour
» accroître leur industrie; ce doit être la tâche de la

» France, d'inoculer la civilisation à l'Afrique et non de
» la cautériser par le fer et par le feu; de rendre aux
» villes et aux villages de la Mauritanie, les pouvoirs
» locaux que réclament les anciennes habitudes du pays,
» pour assurer à ses anciens habitants les bienfaits de
» l'administration municipale et d'une prompte justice,
» tout en les éclairant, pour le gouvernement et pour la
» jurisprudence, par les sciences sociales cultivées en
» Europe; de renouveler les anciennes études et la bril-
» lante littérature arabe tout en les mettant en rapport
» avec les progrès de l'esprit des Français; enfin, ce doit
» être la tâche de la France de maintenir, parmi les Musul-
» mans, l'influence bienfaisante de la religion de Maho-
» met, tout en la dégageant du fanatisme grossier qui y
» a été introduit par le despotisme et l'ignorance, tout en
» la faisant converger avec la charité et la philosophie des
» chrétiens, pour réunir les hommes par leurs sentiments
» religieux et leur rappeler leur fraternité, au lieu de les
» opposer les uns aux autres. Si tels pouvaient être les
» fruits de la conquête d'Alger, l'humanité en aurait à la
» France une obligation éternelle, et la France en recueil-
» lerait, non pas la gloire seulement, mais les plus im-
» portants et les plus durables des avantages matériels. »
(SISMONDI, *Économie politique*, tome II, Colonies, 1838).
Est-il possible de tracer en lignes plus éloquentes les
lois si longtemps méconnues des destinées futures de
notre conquête d'Afrique, et n'est-on pas heureux de voir
que le Chef de l'État, en se donnant la mission de prési-
der à ces destinées, va préparer sûrement à la France, à
nos enfants, la gloire et les effets bienfaisants de leur
réalisation?

68